AF245280

ORAISON FUNÉBRE

DE TRES-HAUT

ET TRES-EXCELLENT SEIGNEUR

MONSEIGNEUR

MAURICE DE SAXE,

Duc élu de Curlande & Sémigalie, Maréchal Général des Camps & Armées du Roi, Chevalier de l'Aigle Blanc de Pologne, & de l'Ordre de Saxe, célébrée par ordre de Sa Majesté, dans l'Eglise Neuve de Stransbourg, le 8 Février 1751.

Prononcée par M. LOVENTZ, Docteur en Théologie, Chanoine & Pasteur de Saint Thomas.

SUIVIE

D'une Ode par M. D'ARNAULT, Docteur de l'Académie des Sciences & Belles Lettres de Prusse ; d'une Description des Cérémonies qui furent observées à sa Pompe Funébre, avec une Explication des Emblêmes qui ornoient l'Eglise & le Cataphalque.

A STRASBOURG,

M. DCC. LI.

ORAISON FUNEBRE

DE TRES-HAUT

ET TRES-EXCELLENT SEIGNEUR

MONSEIGNEUR

MAURICE DE SAXE,

Duc élu de Curlande & Semigalie, Maréchal Général des Camps & Armées du Roi, Chevalier de l'Aigle Blanc de Pologne, & de l'Ordre de Saxe, mort à Chambord dans la cinquante-cinquième année de son âge, le 30 Nov. 1750. Célébrée par ordre de Sa Majesté dans l'Eglise neuve de Strasbourg le 8 Fév. 1751.

PRONONCÉE par M. Jean-Michel Lorentz, Docteur en Théologie, Doyen des Professeurs de Théologie, Chanoine & Pasteur de S. Thomas.

INTRODUCTION.

LA grace de Dieu, Pere Célesté, Maître de la vie & de la mort; lui, qui par sa pre-

A

fonde sagesse prépare les grands Héros dès le sein de leur mere, & qui dans le Conseil de l'Eternité les destine à effectuer les grands événemens qu'il a résolu de faire paroître, est le même qui les rappelle à lui, après qu'ils ont glorieusement finis leur carriere, & qui les récompense dans le Royaume Céleste par des couronnes de gloire & de victoire. L'amour de notre Seigneur Jesus-Christ, Héros des Héros, Prince & souverain Seigneur de la vie, qui par sa mort victorieuse a terrassé la mort même, nous a procuré la vie éternelle & a rendu notre être incorruptible, & la communication consolante de l'Esprit saint, de l'Esprit de gloire, de force & de vigueur, qui excite le courage des braves Guerriers & leur accorde la force nécessaire pour combattre, afin qu'ils fassent tout bien, & qu'ils remportent la victoire : c'est lui qui au bout de leur terme leur fait la grace de vaincre glorieusement le dernier ennemi, pour les faire pénétrer-heureusement par la mort, jusqu'à la vie éternelle. Prions-le de demeurer en nous & avec nous tous. Amen !

Très-chers bien aimés & très-honorés Auditeurs en Jesus-Christ, c'est par ordre de Sa Majesté que nous sommes assemblés aujourd'hui dans ce saint Lieu ; mais comme dans un lieu de douleur & de deuil, pour rendre les derniers devoirs d'honneur & de reonnoissance d'un des plus grands Héros de notre tems : Feu TRÉS-HAUT ET TRÉS-EXCELLENT SEIGNEUR MAURICE, COMTE DE SAXE, Duc élu de Curlande & de Semigalie, Maréchal Général des Camps & Armées du Roi, Chevalier de l'Aigle Blanc de Pologne, & de l'ordre de Saxe, qui a terminé sa glorieuse carriere à Chambord le 30 Novembre de l'année derniere 1750. & a remis son ame Héroïque entre les mains de Dieu qui l'avoit formée, & comme la foi & l'amour du Chrétien nous ordonne de le croire ; lui-même l'a reçu & fait entrer dans sa gloire céleste. Vous avez accompagné de votre présence ce corps qui servoit autrefois d'habitation à une ame si grande & si noble, il doit être ici déposé après cette courte Oraison Funebre, & y attendre dans un repos doux & tranquille la glorieuse apparition de notre Seigneur Jesus-Christ au moment de la Resurrection des morts & de la retribution générale.

Mais pour ne nous pas séparer de ce saint Lieu sans édification, nous considérerons pour cet effet ces paroles ;

Et tout le peuple d'Israel pleura Judas pendant un longtems. Ils le regrettoient & disoient : Hélas ! le Héros, qui a défendu & sauvé Israel, est donc mort.

E X O R D E.

QUOI ! Jonathan, mourir ! Lui qui a fait un si grand bien dans Israel ? C'est par ces mots, Mes très-chers & bien-aimés Auditeurs en Jesus-Christ que tout le peuple d'Israel s'opposa à la sentence injuste de mort, que le Roi Saül vouloit exécuter sur Jonathan, sur ce brave Prince Royal, qui avoit remporté une victoire glorieuse. I. Sam. XIV. *Quoi ! Jonathan mourir ! Qui a fait un si grand bien dans Israel ? Et ils ajoutent : Que Dieu ne le permettre pas ?* Ils étoient entiérement persuadés, que ce seroit la plus grande injustice, qu'un Prince, qu'un Héros tel que Jonathan dût finir sa vie de si bonne heure ; & ils croyoient au contraire, que, quand même il auroit mérité la mort, il falloit néanmoins par reconnoissance pour

le grand bien que son courage avoit
procuré à Ifrael, qu'on ne parlât jamais
de mort à fon égard ; fur-tout dans un
âge fi peu avancé, où l'on pouvoit fe pro-
mettrë de fa part d'autres actions heroï-
ques & un plus grand bien pour le falut
d'Ifraël. C'eft ainfi quela raifon humaine
fe repréfente les objets lorfqu'elle eft
confultée. Si l'on pouvoit demander à la
juftice Divine une exception de la né-
ceffité auffi dure qu'univerfelle de mourir , nous croyons qu'elle devroit fe
faire pour ces grands , pour ces Illuftres
Héros qui fe font rendus fi utiles à des
Royaumes entiers, ou du moins que la
mort devroit les épargner jufqu'à la vieil-
leffe la plus reculée , afin qu'on pût jouir
plus long-tems du fruit de leur courage
pour le bien de la Patrie. Mais nos penfées ne font pas les penfées de Dieu, toujours il aura raifon , quand même nous
voudrions difputer contre lui. Il dépend
uniquement de fa jufte volonté de déter-
miner le tems, qu'il veut laiffer au monde
le don qui eft venu du Ciel ; il peut donc le
lui ôter. Mais fi les Ifraelites croyoient qu'il
étoit injufte de faire mourir un jeune Héros, qui ne faifoit que commencer à fe

produire, & qui venoit de donner le premier essai de sa valeur héroïque ; qui pourroit trouver mauvais qu'à l'aspect du corps
inanimé de ce grand Maréchal, de ce Général si redouté, nous empruntions avec
quelques changemens les paroles d'Israel,
en nous écriant avec douleur : *Quoi! Mau-*
rice de Saxe mourir ? Ce Héros courageux,
que Dieu avoit choisi pour opérer tant de
bien, qui a donné tant de preuves d'une
valeur invincible, qui a servi son Roi avec
une fidélité si éprouvée, qui a tant de fois
fait trembler nos ennemis, qui a anéanti
leurs forces, & arrêté l'effet de leurs con-
seils ; qui a affronté tous les perils pour
notre salut ; qui s'est enfin acquis une réputation immortelle. Il a même été digne
de l'amitié du plus grand Monarque ; ainsi
nous pouvons dire aujourd'hui à ses funérailles : Qu'il a été un homme, que le plus
grand des Rois se plaisoit d'honorer. Quoi!
voir mourir ce Général orné de tant de
palmes, couronné de tant de lauriers !
Que Dieu ne le permette pas ! ou disons
même un tel Héros, par qui la Divinité a
fait tant de bien à notre Roi & à ses Etats,
ne devoit-il pas atteindre le plus haut dégré de l'âge, ou du moins le plus proche

de celui-ci, que le Pſeaume XC met à 70 ans ? Mais, au lieu de vouloir nous plonger dans les abymes des jugemens inconcevables, & des motifs impénétrables de Dieu, nous avons plutôt raiſon de porter en ſa préſence une humble offrande d'actions de graces, & de remercier ſon amour de nous avoir laiſſé jouir ſi longtems d'un tréſor ſi précieux, & de reconnoître & dire avec la ſoumiſſion reſpeétueuſe que nous devons : *Le Seigneur l'a donné, le Seigneur l'a repris, le nom du Seigneur ſoit loué.* Job. 1.

Mais que Dieu ne permette pas qu'à ſa mort nous laiſſions mourir dans nos cœurs le ſouvenir glorieux de ſes aétions héroïques, & que nous ne lui élevions pas en nous un monument éternel ! Pourrions-nous reſter aſſez indifférent à l'aſpeét de de ce cercueil, pour ne pas ſuivre l'exemple ſi louable du Peuple d'Iſrael, lorſque leur Héros ce courageux général, Judas Macchabée qui avoit remporté tant de viétoires, perdit à la fin la vie dans une aétion contre ſes ennemis. Tout Iſrael ſe livra à de longues douleurs, & à des lamentations ameres ; & s'écria au milieu de ſes peines : *Hélas ! le Héros qui a défendu*

& fauvé Ifraël eft donc mort ! C'eſt ce que nous avons marqué par les paroles que nous avons choiſies pour texte de ce diſcours funebre , & pour nous faire ſouvenir de nos devoirs envers feu Monſeigneur le Maréchal Général , nous vous y ferons conſidérer avec le ſecours de Dieu : *La mémoire glorieuſe & juſtement méritée de Judas Macabée , le Héros des Juifs :* Qui a conſiſté :

I. *Dans un ſouvenir glorieux de ſes excellentes qualités héroïques.*

II. *Dans une plainte douloureuſe & un deuil univerſel au ſujet de ſa mort.*

Que pour y réuſſir le Seigneur nous aſſiſte de ſa grace & du ſecours de l'Eſprit Saint , pour l'amour de Jeſus – Chriſt , Amen !

EXPLICATION.

Perſonne de vous, mes chers Auditeurs, ne doit trouver mauvais de voir pour Texte de notre préſente dévotion les paroles que j'ai choiſies ; puiſque non-ſeulement elles conviennent à cette action funebre , mais qu'outre cela elles ſont conformes à la Doctrine Chrétienne ; elles ſont

même confirmées & justifiées par la con-
duite du Roi David, à la mort du Héros
Jonathan & d'Abner, autre Héros invincible des Israelites. II. Sam. I. & III.

Nous avons donc à vous proposer avec
le secours de Dieu, *la mémoire glorieuse &*
justement meritée de Judas Macchabée, le
Héros des Juifs, & nous ferons voir qu'elle
consistoit :

I. *Dans un souvenir glorieux de ses ex-*
cellentes qualités héroïques. Le peuple d'I-
srael se plaint donc en ces termes : *Helas !*
le Héros qui a défendu & sauvé Israel, est
mort. Ils lui donnent par ces paroles, d'a-
bord le nom de Héros, puis ils le louent
par rapport à ses actions héroïques.

Les Héros, mes très-chers Auditeurs,
ne sont pas des hommes du commun : ce
sont des personnages extraordinaires,
suscités de Dieu; ce sont de ces génies supé-
rieurs destinés par le Ciel pour le salut des
Peuples. Ecoutez comment Dieu s'attri-
bue lui-même ce titre, Psaume LXXXIX.
J'ai suscité, dit-il, *un Héros, pour s'oppo-*
ser un fort armé : j'ai choisi un Elû dans
mon Peuple ; j'ai trouvé mon Serviteur Da-
vid ; je l'ai oint avec mon huile ; ma maison
le soutiendra, & mon bras le fortifiera ; ses

Ennemis ne le vaincront point , & les in-
justes ne l'opprimeront pas ; je battrai ses
Ennemis devant lui , & j'accablerai ceux
qui le haïssent. Les Payens ont autrefois
reconnu qu'il y a quelque chofe de fingu-
lier & de divin dans les Héros : Ce font
des hommes qui réuniffent en eux le courage & la fageffe , l'ardeur du zéle & la
modération, la magnanimité & la prudence , le férieux & l'affable, la valeur contre les Ennemis , & la compaffion pour
les vaincus. Ce font des hommes qui pof-
fedent au fuprême dégré l'art militaire, &
qui fçavent non-feulement vaincre, mais
encore profiter de leurs victoires. Enfin
ils font éloignés de cruauté , d'intérêt
propre, & de vaine ambition ; c'est ainfi
que Jofué , le Héros du Peuple de Dieu ,
nous eft peint dans le *chap. XLVI de l'Ec-*
cléfiaftique. Jefus Navé fut un Héros dans
le Combat , il remportoit de grandes Vic-
toires pour le falut des Elûs de Dieu , &
les vangeoit des Ennemis , dont ils étoient
attaqués. Qui a jamais eu autant de gloire ?
Lorfqu'il fe rendit maître des Ennemis du
Seigneur.

Nous lifons d'un autre Héros ; (c'eft
David ,) lorfqu'il commandoit encore les

troupes du Roi, Saul. *I. Sam. XVIII. que David alloit par tout où Saül l'envoyoit, & se conduisoit toujours avec beaucoup de sagesse. Saül le mit à la tête de son armée : il étoit agréable au Peuple & aux soldats ; c'étoit toujours avec satisfaction que le Peuple le voyoit paroître, & le Seigneur étoit avec lui.* Le Peuple Juif ne se louoit pas moins d'un semblable Héros, qu'il avoit en la personne de Judas Machabée. Mais pourquoi m'arrêter aux Héros des premiers tems ? Pourquoi prouver quels hommes ils ont été ? N'avons-nous pas devant nos yeux le modele incomparable d'un parfait Héros en la personne du grand Maurice, Comte de Saxe, qui a si généreusement maintenu, & si glorieusement augmenté la gloire des Héros Saxons, dont il tire son origine. Je sçais que le monde prodigue libéralement des grands titres à ceux même qui ne les méritent point. Mais la flatterie n'a point lieu ici, & quand je n'aurois d'autre preuve à donner pour montrer que le feu Maréchal Général a mérité le titre de Héros, nous devons en être convaincus, puisqu'un Roi, le plus grand Héros de nos jours, a reconnu en lui cette qualité. Il n'y a que les Héros qui puissent juger sainement des Héros. Ce témoignage est soutenu comme celui du Héros macchabéen, par la voix de tout le Peuple ; & ce qui même y met le comble, par ses actions héroïques. Hélas ! disoient les Israelites, *le Héros qui a défendu, qui a sauvé Israel, est mort !* & si nous faisons attention à ce que l'Auteur du premier Livre des Macchabées, & l'Historien Joseph, nous ont fait connoître des actions de Judas ; nous devons avouer que le Peuple Juif a eu raison de prononcer les plaintes que nous en avons rapportées : il avoit pris courageusement les intérêts du Peuple dans les circonstances les plus fâcheuses ; il avoit livré au fameux Roi Antiochus Epiphane & à ses Généraux, plusieurs Battailles où il étoit resté victorieux ; il avoit repris les Villes conquises par ses Ennemis, il avoit rétabli l'État ; & enfin il est mort triomphant dans le combat où il avoit assuré à son peuple une glorieuse victoire.

L'illustre Héros, dont nous honorons aujourd'hui les funérailles, ne s'est pas acquis moins de réputation par ses actions. Combien de trophées la Victoire ne lui a t'elle pas élevée pendant sa vie en tant d'endroits, dans tant de batailles, dans la prife de toutes ces Villes qu'on croyoit imprenables , par le progrés fi heureux des armes de la France, contre des enne- mis puiffans , qu'il a forcé enfin à deman- der la paix ? Et nous pouvons dire auffi avec vérité de fes actions héroïques , que du côté du courage il n'a rien laiffé a de- firer de ce qui pouvoit fervir à notre falut & à notre défenfe.

Mais plus la réputation des Héros, qu'on ne fçauroit affez louer, eft grande, plus il eft affligeant , lorfqu'après tant de Victoires & de triomphes , il faut crier en gémiffant : *Hélas ! qui a défendu, qui a fau- vé Ifrael , eft mort !* C'eft ainfi que les Juifs , à l'honneur de leur brave Héros Judas *ont porté leurs plaintes douloureufes en un deuil univerfel , au fujet de fa mort.*
Et tout le Peuple d'Ifrael pleura long-tems Judas. Ils regrettoient , & difoient : Hélas ! le Héros qui a défendu & fauvé Ifrael, *eft mort !* Qu'y a-t'il de plus jufte que de voir tout un Peuple pleurer un Héros d'un mé- rite fi généralement reconnu ? Y at'il rien de plus équitable que de pleurer pendant long-tems celui qui a défendu & fauvé long-tems tout le Peuple d'Ifrael avec tant

de courage & de prudence. N'eſt-il pas conforme à la raiſon & à la bienſéance, de marquer à un auſſi grand Général , les devoirs de notre reconnoiſſance après ſa mort, par des regrets & des pleurs ? ces pleurs ne ſont autre choſe que des marques d'un cœur touché , bleſſé même de la perte d'un bien ſi excellent ; ce ſont des preuves évidentes d'une eſtime & d'une reconnoiſſance juſtement dûe & méritée , auxquels la nature oblige des hommes & des Peuples policés envers d'auſſi grands hommes qui ſe ſont rendus célébres par leurs actions héroïques. Pour prévenir l'ingratitude de l'oubli , on a trouvé qu'il étoit utile d'élever des tombeaux ſuperbes & de faire des épitaphes ingénieuſes aux défunts; mais on n'en ſçauroit élever de plus magnifique à un Héros , que quand tout un Peuple grave ſa mémoire dans ſon cœur , & qu'il fait connoître, par ſes pleurs publucs & par ſes larmes , combien il eſt ſenſible à la perte qu'il fait par ſa mort. Ce monument devient encore plus précieux , lorſque non - ſeulement tout un Peuple porte ce deuil ; mais même un Roi, comme David , qui pleuroit la mort du Héros Jonathan; mais l'affliction devien tencore

plus fenfible quand plufieurs Rois y pren-
nent part , & que par leurs larmes & leurs
douleurs fur un fi trifte événement , ils
donnent l'exemple à leurs Sujets , & font
connoître , combien le Tout-puiffant les
afflige par une femblable perte.

Mais lorfque le cœur eft rempli de douleur , la bouche ne fçauroit garder le fi-
lence , elle ne peut s'empêcher de s'écrier :
Hélas ! le Héros eft mort ! Quel chagrin
pour le Peuple d'Ifrael , de voir périr fon
Héros , Judas Machabée , les armes à la
main , au milieu même de fes Victoires ,
& par là donner aux Ennemis l'injufte &
fatale joie de voir périr en leur préfence le
défenfeur & le fauveur d'Ifrael ! Auroit-
on pu trouver mauvais , qu'à l'exemple de
Metellus , le Vainqueur des Macédoniens,
on fe fut écrié , comme il fit à la trifte
nouvelle de la mort de Scipion l'Af-
fricain : *O Cives concurrite , mœnia urbis
noftræ confiderunt.* Accourez , braves Ci-
toyens ! les murs de notre Ville font ren-
verfés.

Mais quand les plus grands Héros ,
après tant de Victoires , meurent dans
leur lit , leur perte n'en eft pas moins fenfible. Quel dommage de voir périr ainfi

que des hommes vulgaires ces colomnes
du bien public, ces hommes merveilleux,
qui par leurs grands exploits & par tant de
gloire si justement acquise, surpassent de
si loin tant d'autres hommes. Hélas! pourquoi l'amour invincible de Dieu ne veut-
il pas que le monde jouisse à jamais ou du
moins pour plus long-tems d'un bien si
précieux, si nécessaire, si excellent? Mais
c'est en cela même que nous devons ado-
rer avec soumission la sagesse Divine, qui
ne nous prive d'un trésor si estimable, que
pour nous faire connoître la valeur d'un
don si précieux qu'il nous avoit fait. On
ne voit jamais mieux le vrai prix d'un si
grand bien, que quand on l'a perdu; ainsi
les hommes devroient être convaincus
que les plus grands Héros ne sont pas
moins des hommes mortels, que les autres: quelles actions héroïques qu'ils ayent
pû faire, ils n'en sont pas les premiers au-
teurs: elles partent de la main Toute-
puissante de la Divinité, dont ils ne sont
que les agens. C'est donc à lui seul qu'en
appartient toute la gloire; c'est donc à
lui qu'est dûe la plus grande & la plus sen-
sible reconnoissance. Aussi tout l'honneur
qu'on en pourroit attribuer à ces premiers

instrumens

inſtrumens de la gloire divine, paroît encore trop foible pour ce qu'ils ont fait, puiſqu'elle ne ſçauroit les garantir de la triſte & fâcheuſe envie, qui veut ternir l'éclat de leurs grandes actions. Ce n'eſt donc que dans l'éternité qu'ils peuvent eſpérer quelque choſe de plus grand & d'infiniement plus deſirable.

APPLICATION.

Hélas! Il eſt donc vrai. L'excellent Maréchal Général, ce Héros d'une réputation immortelle, Maurice de Saxe, a terminé ſa glorieuſe carriere, &, comme il a augmenté la gloire des Héros du ſang de Saxe, il a de même expoſé devant nos yeux par ſa triſte mort, comme un ſecond Judas Machabée, le triſte monument de la mortalité univerſelle. *Pleurez ſapins, les Cédres ſont tombés.* Qui oſeroit aujourd'hui ſe promettre l'immortalité, puiſque les Vainqueurs des Peuples deviennent des Cadavres? Ce Comte ſi éclairé, qui étoit monté par dégrez aux ſuprêmes honneurs de la Guerre, ne s'eſt point laiſſé aveugler par les grandeurs. Il a connu la vanité de toute

B

cette gloire terreſtre, & quelques heures avant ſa mort il ne put s'empêcher de dire au Médecin du Roi : *Mon ami, me voilà à la fin d'un beau rêve : tel eſt le ſort de toutes les grandeurs humaines ; ce ne ſont que de beaux rêves.*

Tâchez, mes chers Auditeurs, tâchez d'élever un monument impériſſable à ce Général très-digne de la gloire dont il a été comblé ! Pleurez un Héros, que toute la France, que tant de grands Rois mêmes honorent de leurs larmes. Empruntez les regrets & les gémiſſemens de tout Iſraël. *Hélas ! le Héros eſt mort.* Mais non, je me trompe : notre invincible Maurice de Saxe n'eſt pas péri : c'eſt en quoi il a ſurpaſſé le Héros des Ma habées. Le Ciel, loin de le faire périr à la vûe de ſes Ennemis, n'a pas permis qu'ils gagnaſſent jamais ſur lui une bataille. Il devoit donc dans le cours de ſes Victoires, atteindre au but toujours déſiré par les Héros ; ne ceſſer d'être victorieux juſqu'à ce que combattant glorieuſement il eut acquis au Roi le bonheur de procurer une paix avantageuſe, rétablie heureuſement aujourd'hui dans toute l'Europe. Ainſi il n'eſt pas mort, mais *après s'être élevé comme un jeune Lion par de grandes Victoires, il s'est reposé sur ses genoux, & s'est endormi.* Gen. XLIX.

On ne sçauroit mettre au nombre des morts, celui qui s'est rendu immortel dans le monde, par la gloire & les honneurs qu'il a si justement méritcs. Que ne suis-je assez éloquent pour élever les louanges de notre Héros, par des paroles choisies ! mais ces grandes actions, n'ont besoin d'aucun fard ; & elles illustrent d'elles-mêmes celui qui les a faites ; cependant nous ne sçaurions garder entierement le silence, & nous devons lui attribuer avec vérité la gloire d'un parfait Héros, qui a entendu l'art de la guerre plus parfaitement qu'aucun autre, & qui l'a pratiqué avec le suprême bonheur ; qui dans les conjonctures les plus difficiles, n'a pas épargné ni sa santé ni sa vie ; qui dans toutes les Armées qu'il a commandées avec une suprême sagesse, s'est également acquis l'amour & le respect du Soldat ; qui a tant de fois triomphé des Ennemis versés dans l'art de la Guerre, & soutenus par des Armées formidables ; qui a pris tant de Villes fortes ; & plus que tout cela, qui a gagné, & s'est conservé le cœur &

les faveurs du plus grand Monarque ; qui a été également laterreur de ſes Ennemis, la joie de tout un Peuple & l'honneur de ſon Roi, qu'il a ſervi avec une fidélité à toute épreuve. Fontenoy, Raucoux & Lawffeld feront des monnumens éternels de ſon courage héroïque ; les Pays - Bas Autrichiens ſe ſouviendront longtems de cette ſupériorité invincible qu'il avoit pour faire la Guerre. Je puis me diſpenſer d'étaler ici les louanges de cette vertu héroïque du Maréchal Général ; vertu que les grands Orateurs repréſentent quelquefois avec tant d'éclat, pour honorer leur Héros. Quelle joie pour moi, de pouvoir m'en exempter ! c'eſt la grandeur du courage dans l'adverſité qui fait le vrai mérite ; non qu'il n'ait pas été traverſé dans le cours de ſa vie ; à peine le Public en a-t'il eu connoiſſance : Dieu & la Fortune l'ont toujours aſſiſté dans ſes entrepriſes, tant il étoit aimé de la Divinité ! Mais, je ne ſçaurois omettre la conſtance de notre Héros dans la Confeſſion de notre Communion, dans laquelle il a perſiſté juſqu'à ſon heureuſe fin ; j'ai des preuves en main combien la Religion étoit gravée dans ſon cœur. Il ne s'eſt pas contenté de travailler

pour lui-même ; il a encore eû foin de fes
Troupes qui étoient de notre Communion. Il a fait du bien aux pauvres par fes
libéralités, & a fini fa vie en Chrétien,
avec une réfignation générale du tempo-
rel & un defir pour l'Eternité. Notre Eglife Proteftante a eu cet honneur éminent
de donner les preuves les plus éclatantes
qu'un Maréchal de France proteftant, ne
fert pas moins fidelement fon Roi que les
autres Héros, & que rien parmi nous n'ar-
rête en aucune façon le cours des illuftres
Victoires que la Providence Divine avoit
deftinées à la France. Heureufe Curlande,
heureufe Sémigalie, fi le Ciel vous avoit
donné ce brave, ce généreux Souverain,
& qu'il n'eut pas réfervé ce Héros pour le
bien de la France ! Mais hélas ! tel étoit
ce Général Belliqueux ! tel fut le grand
Maurice de Saxe ! & telle eft la perte que
nous fouffrons par fa mort ! Que nous
refte-t'il, finon des larmes & des remer-
cimens à faire de tant d'excellentes Actions ?

Repofe donc Héros victorieux : la joie,
& la confolation de ton Roi ! l'amour de
ton Peuple ! brave Maurice de Saxe ! digne de porter le même nom que Maurice

de Saxe, ce brave Electeur, qui, par son
all'ance avec le Roi Très-chrétien, main-
tint la liberté de l'Allemagne, & força
l'invincible Empereur Charles V de faire
cette Paix, dont jouit encore toute la
Germanie ! Repose donc, vigilant Général; toi qui a veillé avec une intrépidité
infatigable pour notre bien ! Ta mémoire
durera perpétuellement parmi nous, en
bénédiction, & sera la terreur des Ennemis. Nous garderons respectueusement ton
cercueil dans notre Eglise, comme un
rare & inestimable trésor d'un Maréchal
Général de France, de notre Communion, & autant que notre foiblesse nous
le permet, nous t'éleverons un monument
éternel dans nos cœurs ; Nous réitererons
les louanges de tes actions héroïques à
notre postérité. Tes os auront parmi nous
le même sort que ceux de ces grands Héros, de ces Juges d'Israël, dont Syrach
a dit ch. XLVI. *Leurs os fleurissent encore
où ils sont.* Tous ceux qui dans les tems
futurs verront ce Tombeau d'honneur,
te respecteront, ils t'admireront, même
dans ton cercueil, & aucun de nous ne se
souviendra de toi, qu'il ne soit animé d'un
nouveau zéle pour te renouveller un mo-

nument d'honneur dans fon cœur. Si tu as
trop peu vêcu pour nos defirs , fi à peine
tu es parvenu à cinquante-quatre ans, tu
as fuffifamment vêcû pour ta gloire ; & ce
qui manque à tes louanges par notre im-
puiffance , fera rétabli par les plus grands
Panégyriftes & par les plus fçavans Hifto-
riens , qui travailleront à l'envie les uns
des autres , à éternifer ta gloire tant que
le monde fubfiftera.

Mais nous effuyons nos larmes , lorfque
nous nous fouvenons avec confolation ,
que, quoique ce Héros foit arraché de nos
bras, cependant il nous en refte de pareils,
& même un plus grand. Que notre Roi
donc, que fon Prince Royal, que les Maréchaux de France , que ces Héros vivent
éternellement ; & changeons nos larmes
en prieres : Seigneur, conferve notre Roi:
conferve le très-illuftre Dauphin ; conferve Meffeigneurs les Maréchaux de France , les Miniftres, & parmi ceux-ci, notre
excellent Prêteur Royal : Oui, Seigneur,
Vive le Roi & fa Maifon, Amen.

B iiij

PANÉGYRIQUE

DE TRE'S - HAUT

ET TRE'S-EXCELLENT SEIGNEUR

MONSEIGNEUR

MAURICE DE SAXE,

Duc élu de Curlande & Sémigalie, Maréchal Général des Camps & Armées du Roi, Chevalier de l'Aigle Blanc de Pologne, & de l'Ordre de Saxe, célébré par ordre de Sa Majesté, dans l'Eglise Neuve de Strasbourg, le 8 Février 1751.

Prononcé par M. JEAN-LEONARD FROREISSEN, Docteur & Professeur de Théologie, Chanoine de S. Thomas, Président du Consistoire de l'Eglise, & Premier Pasteur.

TRÈS-CHERS ET TRÈS-HONORÉS
AUDITEURS!

NOus portons à son repos le corps du Très-haut Seigneur, Monseigneur MAURICE COMTE DE SAXE, Maréchal

Général des Camps & Armées du Roy,
Duc élu de Curlande, mort à Chambord
& tranſporté ici, lüi dont les excellentes
actions méritent des pyramides auſſi dura-
bles que celles d'Egypte, & des mauſolés
auſſi ſuperbes que celui d'Artemiſe. Ce
cercueil renferme ce cher Héros ſi renom-
mé par tout le monde, le bras droit de
Louis XV. devant lequel les Etats les plus
puiſſans trembloient, & dont la mort auſſi
prématurée qu'inopinée eſt aujourd'hui
pleurée par les Peuples mêmes qu'il avoit
vaincus. Nous pouvons dire que toute
l'Europe célébre les funérailles du Grand
Maurice. Les yeux de toute la terre ſont
fixés ſur toi, Straſbourg Ville de Deuil! les
Cités les plus magnifiques envient ton
fort! tu poſſéde le plus grand Héros de
notre tems, qui répoſe dans ton ſein juſqu'à la fin des ſiécles.

Releve-toi donc de ta triſteſſe, & jette
encore quelques palmes ſur le cercueil du
brave Maurice, que tu as juſqu'à préſent
arroſé ſi abondamment & avec tant de
raiſon de larmes ameres. Je dois maintenant le faire en ton nom, & je tâcheraî
de m'en acquitter ſelon mon peu de ca-
pacité, quoiqu'avec une langue beguayan-

te, une bouche peu éloquente & une main tremblante.

Feu Monseigneur notre Maréchal nâquit en Saxe, sur la fin de l'année 1696. La nature lui avoit accordé liberalement & dans le plus haut dégré tous les dons du corps & de l'ame, qui peuvent orner un parfait Général; il se destina donc à la guerre dès sa plus tendre jeunesse. La plûpart des Théatres étoient trop resserrés pour lui; ainsi il se hâta de se consacrer au service du plus grand Roi de l'Europe. Il choisit la France pour un Théatre digne de son grand courage : il voulut devenir sur-tout l'admirateur & l'imitateur de Henry le Grand & du Vicomte de Turenne. Il franchit bientôt les premiers dégrés d'honneur, & sçut gagner enfin l'amour du Roi, l'estime de la Cour & la confiance de l'Armée. Tout paroissoit en lui, comme si le Royaume de Louis eut été sa patrie. On ne trouvoit en lui aucune différence d'avec le reste des François, tant à l'égard de la Nation que de la religion & des mœurs. Il pouvoit être regardé comme un Seigneur né en France aussi bien qu'en Saxe: par-là son élévation ne tarda guéres à se déclarer.

Les troubles arrivés à l'occasion de l'é-
lection du Roi de Pologne envelopperent
notre Puiſſant Monarque dans une guerre
ſur le Rhin. Notre Héros, encore jeune,
y trouva l'occaſion de développer ſes ta-
lens admirables, & de confirmer ce que
d'autres grands Hommes très-verſés dans
l'art de la guerre avoient prédit de lui,
que le Comte Maurice feroit un jour honneur au nom des plus grands Généraux.
Cette Prophétie fut accomplie dans la
guerre qui fut occaſionnée par la mort de
l'Empereur Charles VI. Le Royaume de
Bohëme fut au commencement de cette
guerre le témoin de ſon grand courage &
de ſa prudence conſommée. Il y arbora
ſes premiers tróphées par la priſe de la
Capitale, & bientôt ils s'étendirent juſqu'aux dernieres limites de ce Royaume,
où il s'acquit ſur tout une réputation univerſelle par la priſe de la Ville & du fort
d'Egra. Il donna les conſeils les plus ſa-
lutaires aux Généraux qui commandoient
avec lui, par-là il ſe forma une grande réputation. La guerre paſſa enſuite de l'O-
rient à l'Occident, & attira notre Héros
d'abord en Alſace, & enſuite en Flandres.
Il remit dans ce dernier pays le bâton de

Maréchal dans la main du plus grand connoiſſeur & du plus juſte Remunerateur du vrai mérite, notre Auguſte Monarque. Il avoit déja montré en plus d'une occaſion combien il méritoit cet honneur; mais il s'en rendit encore plus digne en le portant : les ennemis ayant fait une invaſion en Alſace, & le Roi ayant quitté la Flandre à la tête de ſes meilleures Troupes pour ſecourir notre province opprimée, le nouveau Maréchal ſçut ſe camper ſi avantageuſement derriere la Lys avec le foible reſte de l'Armée Françoiſe, qu'il arrêta les nombreuſes Troupes des ennemis en ſe tenant ſeulement ſur la défenſive, & par-là il fit voir qu'il y avoit encore aujourd'hui des Fabius Romains, & des Pyrrhus d'Epire ; qu'il reſtoit encore de ces prudens Généraux qui entendent parfaitement l'art de ſe camper avec avantage & de vaincre ſans combattre. Fontenoy fut à la fin l'endroit, où les Ennemis de la France s'imaginoient tenir la victoire dans la main. On crut voir alors dans les campagnes Flamandes une nouvelle Phalange Macédonienne compoſée de différentes Nations, & commandée par un jeune Alexandre Britannique, qui

comptoit pénétrer par-tout avec fa colonne, qu'il regardoit comme invincible ;
il penfoit donc pénétrer non-feulement à
travers l'Armée Françoife, mais même
jufques dans le cœur de la France.

Notre Héros, quoique malade alors,
raffembla le peu de forces qui lui reftoit,
& combattit malgré la foibleffe de fon
corps fous les yeux du Puiffant L o u i s :
il perça la colonne avec conftance, anéan-
tit les projets dangereux des ennemis, &
couronna notre Monarque de victoires fur
le champ de bataille même. Bientôt après
une autre Victoire fuccéda ; la prife d'une
Place fut bientôt fuivie d'une autre Conquête ; un nouveau triomphe fut la fuite
du premier. Il fembloit alors que les Villes des Pays-Bas, loin de tenter une réfif-
tance inutile, avoient réfolu à l'envie de fe
rendre volontairement à notre invincible
Héros. Maurice, Prince de Naffau, Fon-
dateur de la Souveraineté des Provinces-
Unies , a reduit la fcience Militaire en
forme d'art, & Maurice Comte de Saxe a
fçu en tirer avantage. S'il étoit permis
au premier de jetter, du féjour où il eft,
un coup d'œil fur nos tems, quel feroit
fon étonnement de voir fon Difciple

prendre les Forterefles les plus importantes en auffi peu de jours, qu'il falloit de
fon tems de femaines, de mois, & j'ofe
dire, d'années pour s'en rendre maître !
Ces Trophées étoient des avant-coureurs
& des gages fûrs d'une infinité d'autres
Victoires fur l'Ennemi. Bruxelles, cette
grande & fameufe Capitale du Brabant,
dans laquelle s'étoient retirés tant de Généraux des Ennemis, & qui avoit une
Garnifon très - nombreufe, fe rendit à
notre Maréchal, au grand étonnement
de tout le monde, au milieu de l'hiver,
à des conditions même qui lui firent le
plus grand honneur. Après la conquête
de plufieurs autres Places, le brave Maurice remporta une victoire importante
proche de Lawffeld, où les Armées en-
nemies s'étoient affemblées pour fe fe-
courir mutuellement. Quoique l'Ennemi
fe fut mis dans un état de défenfe extra-
ordinaire, non - feulement la victoire,
mais même l'attaque paroiffoit impoffi-
ble. Cependant notre Héros infatigable
ne ceffa point de combattre, qu'il n'eut
mis en déroute tout ce qui s'oppofoit à
lui. La Guerre fut à la fin portée devant
Berg-op-Zoom, dont les murs fembla-

bles à ceux de Babylone furent ébranlés, & contre l'attente de toute l'Europe, ils ne tardirent pas à être emportés. Le Lion Hollandois déconcerté par cette prise inopinée se retira plein de confusion dans la Forteresse de Maestricht, l'unique retraite qui lui restoit. C'est une Place en effet des plus importantes ; & quoique dans les derniers siécles elle ait été prise par Louis X I V. elle a été depuis invincible. On vit cependant paroître tout-à-coup devant ses portes les Troupes qu'on croyoit cantonnées en Alsace & en Lorraine, que l'on croyoit destinées à d'autres entreprises. Ces Troupes l'investirent en un instant, & la réduisirent par un Siége violent à l'état le plus déplorable. Admirez, chers Auditeurs, Louis également victorieux & pacifique, Louis offre la paix aux Ennemis vaincus, Maestricht en devient le gage & la sûreté. Les Armées qui peu de tems auparavant avoient servi les unes contre les autres changent leur rage & leur vengeance en amour & en amitié. Aix-la-Chapelle rend à la fin la paix à toute l'Europe. Maurice rapporte en France des palmes de victoire & de paix,

& Louis vrai Rémunérateur donne à son Héros le Château Royal de Chambord pour se reposer de tant de travaux. Mais, hélas ! c'est dans ce même repos que la mort nous l'enleve, quand nous y pensons le moins. L'ame qui donnoit près de Fontenoy de nouvelles forces à son corps, lorsqu'il étoit dans l'état le plus agité, le quitte dans le tems qu'il jouit de la plus douce tranquilité. Les membres de Maurice se roidissent & perdent leur mouvement, Louis même prend le deuil. On dit maintenant de notre généreux Héros : *il a été, & il n'est plus !* Mais ses actions admirables, sa vie héroïque, éterniseront sans doute sa mémoire & sa réputation. La présence d'esprit toujours égale dans les dangers les plus évidens de la vie, & dans la jouissance de la joie la plus complette, étoit la source de son intrépidité ; mais un don admirable lui appartenoit en propre, il sçavoit trouver dans l'instant un remede sûr dans les circonstances les plus désesperées, & il parvenoit malgré elles à son but, & par-là il devenoit un Héros incomparable : aussi les Troupes l'ayant à leur tête étoient justement persuadées que la victoire leur

étoit

étoit acquife, que la mort les craignoît & fuyoit devant elles. Avec ces talents fupérieurs, oh ! excellent Héros, tu meurs inopinément dans la plus grande force & dans tes plus belles années héroï-ques, tu laiffes la France en pleurs ; elle te pleurera donc, & t'honorera éternel-lement. Ta vie que tu veux bien n'ap-peller qu'un rêve, refte néanmoins pour nous un tableau d'un Héros parfait dans la réalité & non dans l'imagination. Ton Fontenoy, ton Raucoux, ton Lawfeldt, ce Lawfeldt fumant encore de fang, feront dans la poftérité auffi-bien que parmi nous, ce qu'ont été jadis les Ter-mophile, Arbele & Canne ; on y verra des monumens éternels de ton amour pour le Roi, de ton zéle pour la Fran-ce & de ton courage intrépide. Après avoir porté tes victoires fur la Moldau, fur le Danube, fur la Meufe & fur l'Ef-caut, tu repofe maintenant fur le Rhin, qui reconnoît encore fur fes bords les traces que tu y a laiffées de tes victoires, lorfque ta prudene & ton courage ont fervi pour anéantir l'invafion de l'Enne-mi. Et toi, Strafbourg ! chere Ville ! dont les Murs & les Tours ont été connues de tout tems, de tout le monde, tu ne portera plus le nom de n'avoir jamais été vaincue, mais tu peux t'appeller véritablement invincible, puisque tu possede dans tes Murs le Poliorcet de nos jours.

O grand Héros ! Ton Tombeau est une Forteresse ! tes Cendres sont un Arsenal ! ton Nom est la défense de la Ville ! toi même tu t'es bâti ton Maufolé dans le cœur du Roi & des Amis de la France ; il est dans les Annales des Peuples, pour le Monde préfent & pour la postérité. Que d'autres mettent sur ton Tombeau les Inscriptions les plus magnifiques & les plus ingénieuses, qu'elles soient conçues dans les paroles pompeuses que tu mérites si justement ; nous n'y écrirons que ce peu de mots qui conviennent si bien à ta modestie, & qui surpaffent infiniment toutes les grandes expressions & les louanges les plus recherchées,

CY GIT MAURICE DE SAXE.

LA MORT

DU MARÉCHAL

COMTE DE SAXE.

POËME

Par M. D'ARNAUD de l'Académie Royale
des Sciences & Belles-Lettres de Prusse,

Dédié au Roi de Pologne, Electeur de Saxe.

Sur l'Edition Royale de Dresde.

A STRASBOURG,

Chez JEAN-FRANÇOIS LE ROUX, Imprimeur ordinaire du Roi & de l'Evêché.

M. DCC. LI.

AVEC PERMISSION.

AU ROY,

SIRE.

LES regrets dont VOTRE MA-
JESTÉ a honoré la mort du Maréchal
Comte de Saxe, ont déja fait son éloge ;
ils m'ont enhardi, SIRE, à faire paroître
sous Vos auspices, un ouvrage consacré à sa
mémoire, j'ose le mettre aux pieds de Votre
MAJESTÉ, ainsi que les sentimens du
profond respect avec lequel je suis,

SIRE,

de VOTRE MAJESTÉ

Le très-humble & très-obéissant serviteur
D'ARNAUD.

ARGUMENT:

Douceurs de la Paix, elles n'amolif-
fent point le courage du Maréchal Comte
de Saxe; fureurs de l'Envie; Defcription
du Temple de la Mort, l'Envie implore
fon fecours, Complot contre la vie du Hé-
éos, fa Mort, fon Apothéofe.

LA MORT

DU
MARÉCHAL

COMTE DE SAXE.

POËME.

L E Démon de la guerre affis fur fes dra-
     peaux,
Le front ceint d'oliviers mêlés aux doux
    payots,
De fa tranquille main laiffant tomber fes
    armes,
Dans le fein de la Paix dépofoit les allarmes,

Et replongeoit enfin la Difcorde aux enfers.
Ainfi le fier Tyran de l'Empire des Mers.
Éclaircifïant ce front chargé de noirs orages,
Permet qu'un calme heureux fuccéde à fes ravages.
Les Plaifirs & les Arts qu'effraïent les combats,
Compagnons de la Paix, revoloient dans fes bras.
Cerès ne craignoit plus qu'une main infolente
Ravît à fes guérets leur richeffe naiffante,
Et Flore en fouriant voïoit briller des fleurs,
Qui cédant au Printems l'émail de leurs couleurs,
Avides d'acquitter leurs utiles promeffes,
Affuroient à l'Eté de fécondes largeffes.
Dans fon humide Char, couronné de rofeaux,
Effleurant le criftal de fes paifibles eaux,
L'Elbe s'applaudiffoit d'un augufte hyménée,
Tandis que dans fon cours la Seine fortunée
Alloit redire aux Mers le nom cher & facré
Le nom de ce Grand Roi de l'Europe adoré.
Tout goutoit les douceurs que la fille d'Aftrée
Entraîne fur fes pas de la voute azurée,
La Paix, l'aimable Paix verfoit dans tous les cœurs
D'un calme féduifant les heureufes langueurs.
Le Vengeur des Français, ce Saxon dont la Gloire
Retracera toujours l'immortelle mémoire,
MAURICE enfin lui-même, endormant fa Valeur,
Laiffoit au doux Repos enchaîner fon ardeur.
Ce n'étoit plus ce Mars, ce fier Dieu des batailles,
Qui traînant après foi l'horreur des funérailles,
Miniftre redouté des arrêts du Deftin,
Dans des ruiffeaux de fang plonge fes bras d'airain,

Court porter l'épouvante aux Villes allarmées,
Et d'un fouffle ranime, ou confond les Armées.
C'étoit Mars careffé par la belle Cypris,
Sur fon terrible front fe joüoit le Souris,
De Plaifirs innocens une troupe agréable
Difputoit à fes mains le glaive formidable,
Près de lui voltigeoient les folâtres Amours,
L'un le paroit de fleurs qui renaiffoient toujours,
L'autre dans un Tableau digne de fon courage,
Des Champs de Fontenoi lui préfentoit l'image,
Celui-ci demandoit que fur ce front guerrier
Son bandeau fuccedât au cafque trop altier,
Celui-là qu'excitoit une enfantine audace,
Vouloit que fon flambeau du glaive prît la place.

Le Héros fe livroit à leur charme flateur
Sans que leur doux poifon corrompît fon grand cœur.
Au milieu des plaifirs fon Génie indomptable
Nourriffoit des combats l'ardeur infatiable :
Ainfi fous les dehors d'un afpect enchanteur
S'enflamment ces Volcans dont le fein deftructeur,
Recelant tous les traits de la fureur divine,
Prépare à l'univers fa chute & fa ruine.

Ce Monftre empoifonné de fes propres venins,
Qui fait fon defefpoir du bonheur des Humains,
Ce Vautour immortel dont la haine obftinée,
Déchire les Vertus, toujours plus acharnée,
Cette Furie enfin qui par-tout nous pourfuit
Jufque dans les Tombeaux que fa fureur détruit,

L'Envie encor plus pâle & plus envenimée,
Au feul nom d'un Héros, de rage confumée,
De cent regards jaloux dévorant fes fuccès,
Vainement fur MAURICE épuifoit tous fes traits.
A fes piés expiroient les fléches de l'Envie ;
Sous les fombres poifons de fa bouche ennemie
Les lauriers du Vainqueur de plus d'éclat brillants
Infultoient à l'Envie , & triomphoient du Tems.
Laffe de contempler tant d'orgueilleux trophées,
D'enchaîner dans fon fein fes fureurs étouffées
Elle s'exhale enfin " Eh quoi mes triftes yeux
,, Seront toujours bleffés d'un fpectacle odieux !
,, Je reverrai toujours une fplendeur altiere
,, Frapper de fes rayons ma jaloufe paupiere !
,, Affis fur fes lauriers MAURICE goute en paix
,, Le prix dont la Victoire a payé fes hauts faits !
,, Adorê des Soldats, admiré des Rois même ,
,, Il ne lui manque plus que la Grandeur fuprême ;
,, Quel Mortel plus heureux ! .... & fa profpérité
,, Se rira de ma haine avec impunité ! .....
,, Non , je ne puis fouffrir ce comble de l'outrage ,
,, Servons , fervons plutôt de victime à ma rage ,
,, De mes ferpens cruels répaiffons la fureur ,
,, Qu'ils déchirent mon fein, qu'ils dévorent mon cœur:
,, Que l'Envie en un mot de fes coups même expire ,
,, Ou périffe un mortel .... que moi-même j'admire....
,, Je conçois un projet. Courons l'éxécuter.

Elle dit. Ses ferpens ardens à s'irriter
Avec plus de courroux fur fon front fe hériffent ;

Et de plus noirs poifons fes veines fe groffiffent;
Sur un char éntouré de la nuit des enfers,
Ses Dragons rugiffans l'emportent dans les airs.

Quand l'Efprit créateur étendu fur le Monde
Vint l'échauffer des feux de fon aile féconde,
Qu'il le tira des fers de l'horrible néant,
Qu'il fit luire à fes yeux fon Soleil bienfaifant;
Le Chaos entouré de fes voiles funébres
Aux limites du Monde emporta les Ténébres.
C'eft-là que la Nature à fon dernier foupir
Dans fes propres débris paroit s'enfevelir,
Cette Terre effroïable, & toujours défolée,
Du plus faible rayon n'eft jamais confolée,
La verdure jamais ne récréa fes champs,
Jamais des doux oifeaux n'y réfonent les chants;
De lugubres Cyprès dans leurs feuillages fombres;
Recelent de la nuit les plus épaiffes ombres,
L'air eft empoifonné des plus mortels venins.
Des Tombeaux font creufés fous les pas incertains,
Sous des Rochers affreux tout furchargés de glace,
Que le Tems éternel de fes mains même entaffe,
Le Silence & l'Horreur, fuivis des noirs hyvers,
Errent dans les détours de ces triftes déferts;
Si quelque bruit s'entend fur ces bords déteftables,
Ce font des cris plaintifs, des échos lamentables,
De vrais accens de mort, que des torrens fangeux,
Qui roulent les ennuis & la peur avec eux,
Répetent mille fois dans leur fombre murmure.

Dans ces fauvages lieux, l'effroi de la Nature,

Un Palais, ou plutôt un immense Tombeau
Frappe l'œil, interdit d'un spectacle nouveau ;
Des ossemens blanchis forment sa vaste enceinte ;
De larmes & de sang elle est sans cesse teinte,
Des fantômes hideux voltigent à l'entour,
Une lampe funébre exhale en ce séjour
Un raïon pâlissant, dont la lueur mourante
Eclaire les terreurs d'une nuit effrayante ;
On voit dans leurs lambeaux des Manes menaçans
S'élever des Enfers pour troubler les Vivans,
Dans leur main décharnée un poignard étincelle,
C'est-là que se nourrit la cohorte cruelle
De ces maux à qui l'homme en esclave est lié
Par qui l'orgueil des Rois se voit humilié ;
De-là sortent enfin ces fléaux homicides
Qui sous cent noms divers masquent leurs traits perfides
Sur des monceaux épars de Thrônes renversés,
De Tombeaux, de cercueils & de morts entassés,
S'éleve un Spectre affreux, horrible, épouvantable,
L'œil ne peut soutenir son aspect effroïable,
Un voile tout sanglant couvre son corps hideux,
Son bras toujours levé sur nos jours malheureux,
Son bras toujours armé d'une faulx meurtriere
Appésantit ses coups sur la Nature entiere.
A ses piés est écrit " Peuples, Rois, Conquérans,
,, Héros que la Fortune éleve aux prémiers rangs,
,, Tombez tous confondus aux piés de votre Reine,
,, Tout céde sur la terre à ma loi souveraine,
,, Tout meurt, tout disparaît sous mes coups ennemis,
,, Reconnoissés la Mort à qui tout est soumis.

Le Spectre entend siffler les serpens de l'Envie,
Soudain elle paraît du Désespoir suivie.
„ O mon unique asyle, appui de mes projets,
„ O Mort, tu vois l'Envie implorer tes bienfaits ;
„ Daigne trancher des jours dont l'éclat m'importune,
„ venge moi de MAURICE, & confond sa fortune ;
„ Je sçais trop que victime (a) échappée à tes coups
„ Aux champs de la Victoire il brava ton courroux ;
„ Mais l'Ange de la France alors de son Egide
„ Couvroit ce fier Vainqueur dont il étoit le Guide,
„ Ce bouclier fatal qui repoussoit ta main
„ Ne le dérobe plus à son mortel destin :
„ Aujourd'hui sans deffense, amusant son courage,
„ Il semble jusqu'à lui nous ouvrir un passage.
„ Mon superbe ennemi pour prix de ses exploits
„ Seroit-il affranchi de tes séveres loix !
„ Tant de gloire à son fort seroit-elle promise ?
„ Non sans doute, & sa vie au trépas est soumise.
„ Délivre donc mes yeux d'un si funeste objet,
„ Qu'il meure, hâte-toi de servir mon projet,
„ Qu'il meure, les momens sont chers à ma vengeance,
„ Prens place dans mon char, viens. „ Le Spectre s'élance
Et vole à ses côtés, précédé de l'Effroi,
Entraînant dans le char tout l'Enfer après soi.

La Désolation, tous les fléaux funestes,
Marquent leurs pas impurs dans les plaines célestes,
Par tout où le char vole une noire vapeur

* Le Maréchal Comte de Saxe étoit mourant à la journée
de Fontenoi.

Du jour épouvanté fait pâlir la fplendeur ;
De lugubres éclairs, un Tonnerre effroïable,
Que vomit de fes flancs une nuit formidable,
Sur ces bords malheureux répandent la terreur ;
L'air même eft infecté d'un poifon deftructeur,
La Nature frémit, la Terre défolée
Se voit en un moment de fes dons dépouillée,
Les oifeaux languiffans tombent du haut des airs ;
Les champs font transformés en d'arrides déferts,
Le laboureur tremblant court chercher des afyles,
Une foule de maux fe répand dans les villes,
Les peuples confternés lévent les mains aux Cieux,
Tout reconnait la Mort à ces fignes affreux ;
MAURICE environné de l'éclat de fa vie,
Seul ne voit point la Mort, & méprife l'Envie.

Monftres, où courez-vous ? barbare Déïté,
Si tu veux dans le fang baigner ta cruauté,
Si ton avide faulx demande des victimes,
O Mort, tranche des jours, tiffus honteux de crimes,
Frappe de vils humains dans la poudre oubliés,
Ces Plébéïens obfcurs dans le luxe noïés,
Ces lâches Courtifans, dont la vaine exiftance
Sous l'orgueil d'un grand nom fe perd dans l'indolence,
Ces indignes Flateurs qui corrompant les Rois,
Détruifent les Vertus & renverfent les Loix,
Frappe tous ces Mortels dont la Terre chargée
Attend que de leur poids ta faulx l'ait foulagée,
Et refpecte un Héros fi cher à mon païs,
A l'univers entier de fa valeur épris...

Mais on ne m'entend point nul Dieu ne m'eſt propice,
Les deux monſtres déja ſont auprès de MAURICE,
Déja le fer ſe léve. . . où me cacher, ô Dieux !
La Mort même ſe trouble & détourne les yeux,
Elle approche, & ſon bras que raſſure l'Envie,
MAURICE . . . . C'en eſt fait, il a perdu la vie.

Muſes, qui ſoutenez mes efforts incertains,
Souffrez que vos pinceaux s'échappent de mes mains,
Que pour quelque moment cédant à la triſteſſe,
De mes ſens éperdus la douleur ſoit maîtreſſe,
Mieux que l'art impoſteur, & tous ſes vains attraits,
Les pleurs du Sentiment animeront vos traits.

La promte Déïté, qui dans ſa courſe immenſe
De l'un & l'autre Pole embraſſe la diſtance,
Emporte dans ſon vol les eſprits prévenus,
Et tient tous les Mortels à ſa voix ſuſpendus,
Déja la Renommée a déployé ſon aîle,
Tous les cœurs ſont frappés de l'affreuſe nouvelle,
Tout répete " il n'eſt plus, ce Héros, ce Vainqueur
,, Dont ſes Ennemis même honoroient la valeur.
L'Ange de la victoire au ſeul bruit de ſa perte,
Voit flétrir les lauriers dont ſa tête eſt couverte.
O tendre Humanité, conſerve bien ces pleurs
Dont toi ſeule reſſens, & goutes les douceurs,
Ces larmes que ſoudain ſur cette illuſtre cendre
A deux Rois attendris la douleur fit répandre.
Chaſte Fille du Ciel, & Mere des Vertus,
Bienfaiſante Amitié, tu ne te plaindras plus

Que les Rois endurcis méconnaiſſent tes charmes ;
Heureux! ſi la Grandeur ne ſéche point ces larmes ;
Et que l'orgueil des Cours permette au Sentiment
De ſe montrer ſans voile & ſans déguiſement;

Le Génie immortel qui préſide à la France ,
Et celui dont la Saxe adore la puiſſance ,
Dépouillant les atours du luxe & de l'orgueil ,
De Cyprès couronnés , en longs manteaux de deuil ;
Des campagnes de l'Air fendent le vaſte eſpace.
Ils viennent admirer un Héros , dont l'audace
Vit encor ſur ſon front & maîtriſe le Sort ;
Sans chaleur , enchaîné dans le froid de la Mort ;
Son cœur paroit encor reſpirer pour la Gloire ,
Et ſa main demander le fer de la Victoire ;
Ils le baignent de pleurs , le preſſent dans leurs bras ;
Ils le nomment cent fois l'Arbitre des combats ,
Tentent de rappeller ſa grande Ame envolée.

Cependant la Douleur éleve un Mauſolée ,
Où l'on doit renfermer la cendre du Héros.
Tandis qu'avec des pleurs mêlés de longs ſanglots ;
A la pâle clarté des flambeaux funéraires ,
On emporte au tombeau des dépouilles ſi cheres.
Un éclair lumineux , ſuivi du plus beau jour ,
Entr'ouvre à l'œil ſurpris le céleſte Séjour ,
Aux regards de la Terre eſt enfin dévoilée
L'éclatante Splendeur de la voute étoilée.
On voit, on voit MAURICE au rang des Demi-Dieux,
Sa grande Ame s'éleve , & brille au-deſſus d'eux ;

Ainſi d'un Cédre altier la tête ſourcilleuſe
Confond de ſes voiſins la hauteur envieuſe ;
D'un laurier immortel ſon front eſt couronné ;
Des rayons de ſa gloire il eſt environné.
Il boit le pur Nectar , marche ſur les nuages ,
Et ſous ſes piés voit naître & mourir les orages ;
La Terre le contemple avec raviſſement ,
Ce n'eſt plus un Mortel , c'eſt un Dieu triomphant.
Tel on nous peint Hercule & ſa gloire brillante ,
Quand Jupiter pour prix d'une valeur conſtante ,
Lui décerna l'honneur de la Divinité.
Tandis que tant d'éclat fixe l'œil enchanté ,
Sur les aîles des vents un bienfaiſant Génie
Apporte ces accens à l'oreille ravie.

   ,, O Saxe, & vous ô France auſſi chere à mon cœur,
,, Banniſſez toutes deux une vaine douleur ;
,, Les Dieux m'ont élevé parmi ces grandes Ames
,, Qui brulant comme moi de généreuſes flâmes ,
,, Ont ſu par un effort au-deſſus de l'humain,
,, De l'immortalité ſe fraïer le chemin.
,, Au coup qui m'a frappé , France , ſois moins ſenſible ;
,, Je veille encor ſur toi , mon Génie invincible
,, Sur tes Drapeaux brillants ſera toujours aſſis ,
,, Et confondra l'orgueil de tes fiers Ennemis.

   Il dit. Du haut des Cieux la flateuſe Eſpérance
Vole , accourt conſoler & la Saxe & la France ,
Qui rendant au Héros des honneurs immortels ,
Au lieu d'un Monument lui dreſſent des Autels ,
Et l'encens à la main couronnant ſes images ,
Comme au Dieu des combats lui portent leurs hommages.

DESCRIPTION
DES CÉRÉMONIES
OBSERVÉES A STRASBOURG

A LA POMPE FUNEBRE
DE
TRES-HAUT ET TRES-PUISSANT PRINCE
MAURICE COMTE DE SAXE,

Duc de Curlände & de Semigalie ; Chevalier de l'Ordre de l'Aigle blanc en Pologne , Marechal de France & Marechal Général des Camps & Armées de Sa Majesté; Fils légitimé de Fredéric-Auguste II. Roy de Pologne ; Electeur de Saxe , & de Marie-Aurore de Konigsmarck , Comteffe de Wefterweich & Stegolhm , mort à Chambord le 30 Novemb. 1750. âgé de 54 ans.

E corps de Monfieur le Marechal de Saxe , ayant été embeaumé , on le mit dans un cercueil de plomb, qui fut enfermé dans un autre de cuivre, & il resta en dépôt jusqu'au huit de Janvier mil sept cent cinquant-un, qu'on le transporta pour être porté à Strasbourg dans un char funébre, couvert d'un grand drap noir, tiré par six Chevaux caparassonnés de noir ; il étoit suivi de deux autres carosses également tirés par six Chevaux. Ce convoi étoit escorté par cent Dragons du Régiment de M. le Marechal, ayant des crêpes à leurs casques & les armes traînantes.

Le sept de Février, comme le convoi approchoit de Strasbourg, M. le Chevalier de Saint André, Commandant dans la Province, en l'absence de M. le Marechal de Coigni, envoya au devant le Régiment de Clermont Cavalerie. Le corps étant arrivé à la Porte de Saverne, on le salua de douze coups de canons, qui tirerent de dessus les remparts, toutes les cloches sonnerent aux Eglises Lutheriennes, & tous les Officiers à la tête de l'Infanterie, qui étoit rangée en haye jusqu'à l'Hôtel de M. le Marechal de Coigni, firent le Salut des armes.

L'entrée de cette pompe funébre se fit

dans l'ordre suivant : la Cavalerie , une partie des Hullans , le second Ecuyer de M. le Marechal avec quatre Gardes, à pieds & en habits noirs , le char funébre , au deux côtés duquel marchoient six Valets de Pieds qui foutenoient le drap qui couvroit le char , des Palefreniers qui tenoient les Chevaux par la bride , le Suiffe à pied & en grand deuil , un caroffe drapé dans lequel étoit M. le Baron de Helldorff , premier Ecuyer , qui portoit le cœur enfermé dans une boëte de vermeille , couverte de velours noir , orné de galons d'argent , un autre caroffe dans lequel étoient les quatre Valets de Chambres de M. le Marechal ; cette marche étoit fermée par une autre partie des Hullans.

Mrs. les Comtes de Friefe & Locwenhaupt , Parens de M. le Marechal , M. de Saint André & plufieurs autres Officiers Généraux , fe trouvèrent dans la cour de l'Hôtel de M. le Marechal de Coigni , pour y recevoir le corps , & ils refterent jufqu'à ce qu'il fut mis fur un lit de parade qu'on y avoit dreffé. Il étoit

de velours noir , galoné d'or & d'argent & orné de franges de même ; le doffier étoit de drap d'argent , & les rideaux
de fatin blanc relevés & attachés avec
des crêpes noirs ; la Salle étoit toute tendue de noir & ornée de differents emblêmes , de trophées d'armes , de têtes
de morts, de larmes, de bâtons de Marechal , & des armes de Saxe & de Curlande. Il y avoit à côté deux autres Salles
pareillement tendues de noir , ainfi que
la façade de l'Hôtel & les Cours. On
avoit couvert le cercueil d'un poile de
velours noir, garni de franges & de galons d'argent , au quatre coins duquel
pendoient quatre glands d'argent ; fur le
cercueil étoient la boëte qui enfermoit fon
cœur , fon bonnet comme Fils d'Electeur ,
le cordon bleu de l'Ordre de l'Aigle blanc,
les bâtons de Marechal , & fon épée ,
le tout couvert de crêpes ; à la gauche
du cercueil & fous le poile , on avoit
placé un petit coffre , dans lequel étoient
les entrailles du Marechal : quatre grands
flambeaux de cire blanche brûloient aux
quatre coins du lit de parade.

Depuis que le corps fut dépofé à l'Hôtel , jufqu'au lendemain après la cérémonie , on ne ceffa de tirer un coup de
canon de demi heure en demi heure.

Le lendemain fur les 8 heures du matin ,
quatre Héraults fe rendirent à l'Hôtel ,
& fe placerent aux quatre coins du lit
de Parade , & s'y tinrent jufqu'au moment de l'Enterrement ; vers les 11 heures les Etudians du college de Saint Guillaume vinrent chanter des Cantiques fu-
nebres, à midi lorfque tout fut difpofé pour
la cérémonie , que toute la Garnifon qui
étoit fous les armes , eut bordé la haye
depuis l'Hôtel de Coigni , jufqu'à l'E-
glife Neuve , & que la Cavalerie fe fût
rangée dans toutes les Places , devant
lefquelles le Convoi devoit paffer , le canon donna le fignal , on fonna les cloches dans les Eglifes Lutheriennes , &
l'on fe mit en marche dans l'ordre fuivant. Les Hullans à pieds ayant de grands
crêpes à leurs cafques & les armes traînantes , un Bourgeois en habit noir qui
portoit deux grands flambeaux , fur lef-
quels étoient les armes de Saxe & de

Curlande ; il étoit fuivi de deux autres
Porteurs de flambeaux ; trois Bourgeois
en grand deuil, portans de longs manteaux & des crêpes pendants à leurs cha-
peaux ; les Etudiants du College Saint
Guillaume, tous en habits noirs & longs
manteaux ; ils chantoient pendant la
marche des Cantiques convenables au fujet, tous les membres du Seminaire Lutherien en mêmes habits que les pre-
cedents ; un grand nombre de Pafteurs
ou Curés des Villages qui dependent de
la Ville & du confiftoire Lutherien, tout
le Clergé Lutherien dans leurs habits or-
dinaires, au deux côtés du Clergé marchoient douze Porteurs de flambeaux, &
deux derriere, quatre Trompettes de la
Ville, en habits noirs avec le Timballier,
les Temballes & Trompettes couvertes
de crêpes, trois Bourgeois en grand deuil,
deux Heraults, trois autres Bourgeois
en deuil, le Suiffe de feu M. le Marechal, avec fix Valets de Chambres & 4
Gardes, un Ecuyer qui portoit le bonnet du Prince fur un carreau de velours
noir, M. le Baron de Helldorff, qui por-

toit le cœur ; ces deux Ecuyers étoient
accompagnés chacun de deux Pages , le
le cerceuil porté par 12 Sergents avec 12
autres pour les relever, Mrs. de Vibraye
& de S. Germain , M. Dupas, Marechal de Camp , & M de S. Affrique ,
Brigadiers, portoient les quatre coins du
drap mortuaire , dix Porteurs de flambeaux étoient de chaque côté du cercueil :
après le cercueil marchoient deux autres
Porteurs de flambeaux ; trois Bourgeois
en grand deuil; deux héraults, le Prince de
Naſſeau Sarbrucken , & les Comtes de
Frieſe & de Lowenhaupt ſuivoient le
corps. Leurs épées couvertes de crêpes ,
étoient portées par leurs Valets de Chambres , qui marchoient à côté d'eux. M. le
Chevalier de Saint André accompagnoit
le deuil, marchant ſeul , & ayant à ſa
droite & à ſa gauche une file de Sergens
pour écarter la foule. L'Etat Major venoit
enſuite, & la Nobleſſe fermoit la marche.
Il y avoit encore pluſieurs Porteurs de
Flambeaux qui accompagnoient le deuil.

Lorſque le corps fut arrivé à l'Egliſe ,
on le mit ſous un magnifique Catafalque ,

& l'on posa sur le cercueil la boëte qui
enfermoit le cœur ; les bâtons du Maréchal, & les autres marques de ses dignités.
Le Prince de Nasseau & les Comtes de
Friese & de Loewenhaupt avec l'Etat
Major, la Noblesse & les Magistrats furent placés entre le catafalque & l'Autel ;
le Clergé & les autres personnes de distin-
ction derriere l'Autel, autour du catafalque étoient les Pages, les Valets de cham-
bre, les Gardes, le Suisse & les Valets
de pieds. Les Héraults se mirent aux quatre
coins, & les douze Bourgeois en deuil se
tinrent de bout pendant toute la Cérémonie devant le catafalque. Les Hulans furent placés à droite & à gauche.

Les Cérémonies funéraires commence-
rent par une Symphonie lugubre, après
laquelle on chanta un Cantique funebre, ensuite Mr Lorenz, Docteur &
Professeur en Théologie, fit un discours,
dont le texte étoit, *eumque (judam) om-*
nes Israelitæ, magno cum ploratu & plan-
gore diù luxerunt, conquerentes tam for-
tem Israelitarum cecidisse conservatorem. I.
Liv. des Mach. Chap. 19. *v.* 20. à la fin
de ce discours il y eut une seconde sym-

phonie, & lorfqu'elle fut finie, M. Fræ-
reifen, Docteur & Profeffeur en Théologie, prononça un autre difcours & re-
mercia en même temps toute l'Affem-
blée qui avoit affifté à la cérémonie : elle
fut terminée par un Cantique funébre
pendant lequel on tranfporta le corps dans
une Chapelle pratiquée dans un coin de
l'Eglife. Pendant ce temps-là on fit trois
falves de douze coups de canon, cha-
cune alternativement, avec une décharge
générale de toute l'Infanterie de la Garnifon.

L'Eglife étoit toute tendue de noir jufqu'aux voutes, & l'on avoit bouché les
fenêtres pour former une efpece de nuit.
Ce lieu étoit éclairé d'un nombre infini de
lumieres, ainfi que le Catafalque. Plufieurs
emblêmes, devifes, trophées, armories
&c. formoient une décoration funébre,
la Chaire étoit couverte de velours noir,
galoné d'argent, fur lequel étoit repré-
fentées des têtes de morts; au doffier,
on avoit placé les armes de Saxe &
de Curlande, on avoit étendu un grand
tapis de velours noir fur l'Autel, pareil-

lement galonné d'argent. A la tête du Catafalque étoit la repréfentation de la mort avec fa faulx, & au pied on voyoit Saturne ou le tems. Quatre Vertus étoient aux quatre coins & aux pieds des Genies qui pleuroient. Le tout étoit orné de caf- ques, de boucliers, de cuiraffes, de bran- ches de laurier, &c. La Chapelle qu'on avoit pratiquée dans le coin de l'Eglife, étoit auffi tendue de noir & ornée d'Em- blêmes. Les figures qui étoient autour du Catafalque, ont été placées autour du corps qui repofe fur un lit de Parade fem- blable à celui qui étoit à l'Hôtel de Coi- gni.

Pour fatisfaire la curiofité du Public, l'Eglife a refté ornée pendant deux jours & on a permis à tout le monde d'y entrer.

EMBLÊMES.

Voici les Emblêmes qui étoient tant à l'Hôtel de Coigni, que dans l'Eglife Neuve.

Un Lyon rugiffant qui fait trembler quelques bêtes fauvages qui fe trouvent dans le voifinage.

Rigefcunt quando rugit.

Ses Rugiffemens les glacent d'effroi.

Un Lyon qui s'avance vers une troupe de Guerriers.

Nefcit dare terga.

Jamais on ne l'a vû fuir.

Un Lyon qui renverfe tout ce qu'il rencontre, hommes & bétes.

Per Tela, per Hoftes.

Il fe jette au milieu des traits & des Ennemis.

Un Lyon ouvrant fés yeux en dormant.
Oculo vigilante quiefcit.
Ses yeux veillent pendant qu'il dort.

❀

Un Lyon fur fes pieds.
Fortior an generofior Anceps ?
Se fervira-il de fon courage ou de fa bonté ?

❀

Un Lyon ouvrant fa gueule d'où fort un effaim
d'Abeilles.
Dulcedo rariffima Forti.
La douceur eft rare dans un homme courageux.

❀

Un Lyon qui ouvre fa gueule pour faire voir
fes groffes dents , qui fuivant l'avis des Natu-
ralifles, ont la figure de Lys.
Lyliacea Virtus.
La valeur des Lys.

❀

Un Lyon rencontrant quelques enfans avec
leurs meres , à qui il ne fait point de mal.

Non lædit Inermes.

Il ne fait point de mal à ceux qui ne peuvent se dé-
fendre

Un Lyon dans les airs environné de plusieurs
étoiles de différentes grandeurs.

Ardens evexit ad Æthera Virtus.

Son grand courage l'a élevé jusqu'aux Cieux.

Un Lyon mettant la patte sur le genoux de
son Maître.

Uni tantum modò servit.

Il ne s'attache qu'à un seul.

Un Lyon rouge se tenant de bout.

Ignita virtute rubet.

Son courage le met tout en feu.

Le même Lyon se présentant au signe du Zo-
diaque sous le Soleil qui l'éclaire.

Rubor igneus hinc est.

C'est de lui qu'il tire son ardeur.

(4)

Un Lyon rouge dans un champ blanc.
Magis candore refulget.
La blancheur lui donne un nouvel éclat.

❋

Un Lyon rouge couronné d'une couronne
d'Or

Merito lætatur honore.
Il se fait gloire d'un honneur qu'il a mérité.

❋

Le même Lyon sur la tête duquel Apollon
ou le Soleil met une Couronne.

Ipse coronat.
Il le couronne lui-même.

❋

Le même Lyon prêt de mourir.
Invicto insuperabile fatum.
Tout invincible qu'il est, il ne peut éviter le coup.

❋

Le même Lyon mort sur lequel une Pallas
jette des lys.

Manibus date lylia plenis.
Jettez-lui des fleurs à pleines mains.

❋

(5)

Ce même Lyon mort fous le Soleil , dont les
nuages obfcurciffent une partie des rayons.

Luget.

Il le pleure

Le même Lyon rouge dans un quartier d'argent.

Argentina fit area tandem.

Il eft en terre à Strasbourg.

La Renommée qui fonne de la Trompette

Canendis laudibus impar.

Perfonne ne peut mieux qu'elle proclamer un Héros.

Une Statue d'Hercule.

Hunc tandem non Fabula finxit.

Celui-ci n'eft point une fiction.

Un fleuve qui defcend du haut d'une mon-
tagne.

Ab origine fummâ.

Il tire fon origine d'un lieu élevé.

Un Fleuve dont les eaux s'augmentent dans
fa courfe.

Peregrinis major in Oris.
Il devient plus grand fur les bords étrangers.

❋

Un Fleuve qui rompt fes digues.

Quævis obſtacula rumpit.
Rien ne peut lui réſiſter.

❋

Un Fleuve qui fépare deux Provinces dont
l'une appartient aux ennemis.

Hoſtes feliciter arcet.
Il écarte les Ennemis.

❋

Un Fleuve qui fe groſſit par pluſieurs ri-
ïeres.

Virés acquirit eundo.
Il acquiert des forces dans fa courfe.

❋

Un Fleuve qui traverfe un Royaume.
Toto celeberrimus Orbe.
Il eſt célebré par toute la Terre.

❋

Un

Un Fleuve qui se décharge dans la mer.

Cursu brevi.

C'est ici la fin de sa course.

※

Un Fleuve qui se jette dans la mere sans être partagé en plusieurs bras.

Magnus ad extremum.

Il est grand jusqu'à la fin.

※

Un Aigle qui plane dans l'air , & qui vient du côté gauche , plusieurs Guerriers le regardent.

Faustum legionibus omen.

Heureux présage pour nos Bataillons.

※

Un Aigle environné d'étoiles , comme un Signe céleste.

Habet indelebile nomen.

Sa gloire ne s'éfacera jamais.

※

Un Aigle qui s'éleve bien haut.

In sommo semper honore.

Il est dans la plus grande élévation.

※

L'Aigle Romaine , ou l'Etendart des Romains.

Victricia Signa.

La Victoire suit ce Drapeau.

※

L'Aigle de Jupiter tenant la Foudre.

Virtute fideque probata.

Son courage & sa fidélité sont à l'épreuve.

※

Un Aigle volant vers le Soleil.

Unius flagrat amore.

Il n'aime que lui.

※

Un Aigle qui poursuit en volant plusieurs
Oiseaux.

Vincit ubiquè.

Il est par tout Vainqueur.

※

Un Aigle volant vers le Soleil.

His advolat ignibus Ales.

Cet Oiseau ne cherche que ses feux.

※

Hercule avec sa massuë.

Fama an extendere factis hoc virtutis Opus.

C'est à la valeur à étendre sa renommée par les Actions.

※

Samson étrangle un Lion.

Virtutis est domare quæ cuncti pavent.

Il est d'un grand courage de détruire tout ce qui peut
donner de la crainte.

※

Hercule terraçant l'Hydre de Lerne.

Neque suis est tutior undis.

Ses eaux ne peuvent le garantir.

※

Un Diamant monté fur une Bague d'or.

Ornatus ornat.

Il en fait l'ornement.

Une Aiguille aimantée dans une Bouſſole.

Reſpicit unum.

Il regarde toujours le même.

Une Colonne de Pierre.

Frangor , non flector.

On peut me briſer , mais non pas me faire plier.

Un Héros qui foule aux pieds ſes ennemis.

Sola vincibilis morte.

La Mort ſeule peut le vaincre.

Un Héros qui reçoit une Couronne , qu'un bras qui ſort d'une nuée lui préſente.

Hæc ſola perennat.

Celle-ci eſt éternelle.

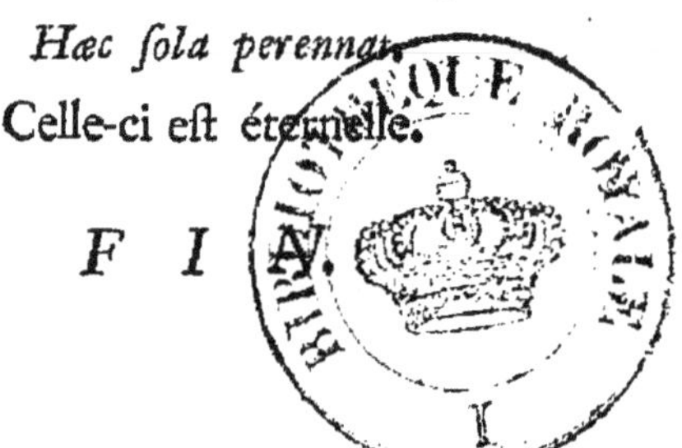

F I N.